SUR LA CHAMBRE

DES PAIRS,

Avec quelques observations sur l'état actuel des choses.

Par J. Ch. BAILLEUL,

ANCIEN DÉPUTÉ.

UNE attaque portée au cœur de la nation dans la chambre des Pairs , les torches incendiaires qu'agitent sur nos têtes quelques-uns des membres de cette Chambre, me déterminent à anticiper la publication de quelques idées qui devaient faire partie d'un travail dont je m'occupe dans ce moment.

Le spectacle que présente la France depuis 1815 est impossible à décrire. D'affreux désordres ont cessé ; mais les instrumens qui les ont produits sont toujours dans la même attitude, et n'attendent qu'une occasion favorable. Rien ou presque rien n'a été dérangé. Des sociétés secrètes ont été organisées, des bandes ont été formées, elles ont arboré un signe étranger au gouvernement; des proscriptions atroces ont eu lieu à l'ombre de ce signe. Ce que nous savons sur ces cruels événemens, nous ne l'avons appris qu'auprès de ceux qui nous l'ont révélé. Trois ans après, les cocardes vertes ont reparu. Quel était le centre de cette organisation? qui la dirigeait? qui la soldait? qui lui a assuré l'impunité? qui l'a conservée pendant qu'elle a été comprimée? qui lui a rendu assez d'audace pour oser reparaître? Voilà ce qu'on ignore; et cependant la publicité, mais une publicité franche, entière, eût à l'instant anéanti d'aussi inquiétantes et d'aussi criminelles entreprises.

Dans ces derniers temps, une conspiration est ourdie; il ne s'agissait rien moins, d'après des bruits que l'on a répandus, que du massacre de plusieurs milliers de citoyens. Ne pas mettre au grand jour toutes les ramifications d'une trame aussi horrible, n'est-ce pas enhardir ses auteurs, que le plus léger trait de lumière eût condamnés à l'infamie et à l'inaction?

Ce serait une question digne de l'attention des publicistes, que celle de savoir jusqu'à quel point l'autorité peut cacher à la population des vérités qu'elle a un si pressant intérêt de connaître, et comment cette autorité se justifierait, si ces mystérieuses obséquiétés coûtaient la vie à un seul individu.

Cela ne viendrait-il pas de ce que l'on a fait de l'intérêt de l'état et de celui du trône deux intérêts? On dit bien qu'ils sont les mêmes, mais on agit comme s'ils étaient absolument opposés. On a accordé au peuple des lois qui consacrent ses droits; mais on lui a imposé, pour les exécuter, un personnel qui appartient à d'autres idées et des intérêts tout à fait contraires.

Que l'on parcoure toutes les branches de l'administration, tous les échelons des pouvoirs; partout on trouvera les mêmes contradictions, la même résistance et les mêmes dangers.

Qui peut se dissimuler qu'une des plaies les plus profondes de la patrie, serait la composition d'une des premières autorités, si on en avait choisi, en grande partie, les membres parmi des hommes qui devaient se montrer les ennemis les plus implacables de l'ordre de choses consacré par la

révolution et par la Charte ? ce noyau de-
viendrait le point d'appui et le moyen de
ralliement de la faction qui a produit toutes
les calamités que nous avons essuyées depuis trente ans. Que serait-ce si c'était une
majorité ?

Quand il s'agit de nouveaux établissemens , une des choses que l'on doit craindre
le plus est de se laisser entraîner par d'anciens souvenirs. Parce qu'il y avait eu jadis
une institution qu'on appelait *Pairie* ,
M. Necker pensait qu'en faisant une Chambre
dite des *Pairs* , les anciens Pairs devaient en
être les premiers élémens, puis d'autres noms
que l'on pouvait encore regarder comme
historiques , attendu que ces noms sont envi-
ronnés d'un charme qu'aucune puissance ne
peut créer ni remplacer. De nos jours l'on
voudrait encore y ajouter des individus qui
n'ayant servi réellement qu'une faction et
des intérêts de parti, seraient cependant
parvenus à se faire considérer comme les
défenseurs de la royauté.

M. Necker se trompait ; et comme les
porteurs des noms historiques repoussaient
une pairie de son invention , comme lui-
même ne concevait point une monarchie

constitutionnelle sans une Chambre des Pairs, ni une Chambre des Pairs sans *noms historiques*, il imagina le plan d'une république, au lieu d'examiner s'il ne se méprenait pas sur cette qualité d'*historique*, hors laquelle, selon lui, il n'y avait pas de monarchie constitutionnelle.

Dans l'*Examen des Considérations sur la Révolution française*, de Mme. de Staël, j'ai manqué l'idée juste sur ce point, non que je n'aie réfuté complétement, au moins je le crois, les assertions de M. Necker, reproduites par Mme. Staël; mais je n'ai point indiqué quelle était la source de son erreur, et par conséquent le principe qui devait diriger l'autorité dans les nominations à la pairie.

En effet, pour fonder une institution dans un nouvel ordre de choses, il faut des noms historiques; mais que doit-on entendre par ces mots? C'est-à-dire qu'il faut des noms, qui, par d'éminens services rendus dans les changemens qui ont donné une nouvelle face au gouvernement, appartiennent désormais à l'histoire.

Quels sont les noms historiques de la monarchie sous la première race? Ceux des

Francs, qui aidèrent les premiers rois de cette dynastie à conquérir les Gaules.

Quels sont les noms historiques sous la féodalité? Ceux des individus qui, par plus d'audace, parvinrent à acquérir le plus de puissance, en dépouillant le trône de toutes ses prérogatives.

Ces noms étaient-ils historiques avant d'avoir été prononcés et connus? Dans la distribution des pouvoirs, prétendit-on qu'il fallait aller chercher des hommes d'une race plus ancienne, et portant déjà des noms historiques, en mettant de côté ceux qui avaient concouru à la conquête, et que, dans les assemblées du Champ-de-Mars, on ne devait admettre à délibérer que des membres du sénat de Rome, ou les descendans des anciens chefs des Gaulois, attendu que c'étaient, à cette époque, les seuls noms historiques que l'on pût avouer, de l'avis au moins de ceux qui les portaient? Non sans doute, et les vainqueurs n'auraient pas écouté patiemment de semblables prétentions.

Eh bien! à la suite d'une révolution qui a changé les principes d'un gouvernement, dire qu'on ne peut construire le nouvel édifice qu'avec les pièces fondamentales de

l'édifice détruit, il est évident que c'est dire
une absurdité : ce n'est pas seulement bâtir sur
des ruines, ces ruines sont encore des élémens de bouleversement et de destruction.

Lorsqu'il s'agit de la réédification de l'ordre social dans toutes ses parties, les véritables noms historiques sont les noms qui appartiennent à l'événement et à l'époque, les
noms qui, dans le civil et le militaire, se sont
rendus particulièrement recommandables.
Ainsi les noms historiques pour la France ré-
générée, sont ceux des Mirabeau, des Tou-
ret, des Barnave, des Vergniaux, des Mar-
ceau, des Championnet, des Masséna, des
Kléber, etc..... Voilà *l'idée juste* : seulement
comme il ne s'agit ici ni de conquérans, ni
de conquêtes autrement qu'en faveur de la
patrie et de l'humanité, il est utile, il est né-
cessaire de lier le passé au présent, de rap-
procher et d'unir toutes les classes, mais en
prenant toujours pour mesure la conserva-
tion du grand œuvre qui est l'objet de tous
les vœux comme de toutes les espérances.

Ainsi, il me paraît démontré que si l'intérêt de l'état et du trône, guidé par la con-
naissance des faits, par la prevoyance et la
sagesse, avait seul présidé aux choix des

membres d'une Chambre des Pairs : voici comment il aurait procédé :

D'abord, le fond de la Chambre eût été composé de tous hommes choisis parmi ceux qui ont rendu d'éminens services à la liberté, et qui ont concouru de la manière la plus efficace aux progrès et à l'établissement des principes constitutionnels ; en un mot, ceux qui ont attaché irrévocablement leurs noms à l'époque, seuls *noms* véritablement *historiques*.

En second lieu, on aurait pris parmi les anciennes familles les individus connus par des sentimens honorables, et qu'auraient fait distinguer des opinions franchement constitutionnelles. Si leur position ne leur a pas permis de servir l'état dans telle ou telle circonstance, leur désintéressement et la puissance de leur raison, qui les a placés au-dessus de tous les intérêts vulgaires, n'en appellent pas moins la reconnaissance comme la confiance publique.

En troisième lieu, il eût encore été convenable d'y admettre, je parle toujours des anciens noms historiques, quelques-uns de ces hommes d'un caractère sage et modéré, qui, sans avoir une opinion prononcée en faveur

du nouvel ordre de choses, l'adoptent autant par déférence que par amour de la paix.
La résignation est aussi une vertu et mérite
sa récompense; mais là devait s'arrêter toute
espèce de condescendance. Il n'est pas juste
et il serit trop imprudent de donner à une
faction sans cesse occupée à ressaisir le
passé, des organes et des appuis au sein
même d'un des premiers pouvoirs de l'état;
c'est déjà bien assez que de courir la chance
des erreurs que la plus grande circonspec-
tion ne peut pas toujours éviter : il fallait
bien plutôt démonétiser de tels noms que de
les mettre en évidence.

Quelle heureuse influence n'exercerait
pas une Chambre des Pairs composée comme
je viens de l'indiquer ! quel soutien pour le
trône, quelle sécurité pour la nation, quelle
garantie pour nos libertés, quel gage de du-
rée et de stabilité! Tout est harmonie, et par
conséquent tout est force dans une institution composée d'élémens homogènes. Le
temps ne se consume plus dans les combats
que se livrent le génie du bien et le génie du
mal; toutes les pensées sont dirigées vers le
plus grand bien, et y a-t-il en effet un mo-

ment à perdre après les maux que nous avons soufferts?

En 1814, à la vérité, on admit dans la Chambre des Pairs une partie des membres du sénat de Bonaparte; mais il faut prendre garde que dans ce sénat, Bonaparte avait placé en majorité des ennemis ou des amis équivoques de la liberté ; il l'avait fait pour braver ses amis sincères, pour les diviser et les accabler. Or, si cette portion eût été combinée avec les noms historiques qu'on aurait admis sans examen et sans choix , elle aurait déjà donné à la faction anti-nationale beaucoup trop d'ascendant et de puissance. Mais si , à une époque postérieure, on eût écarté précisément les meilleurs citoyens ; si on eût appelé des individus qui, rampant sous Bonaparte , dont ils faisaient un dieu, ont aujourd'hui l'impudeur de se donner pour les modèles et les prêtres de la fidélité: étrange abus de la faiblesse humaine , qui ne sait pas repousser avec toute l'indignation qu'il devrait inspirer, un charlatanisme aussi déhonté ! Pourrait-on imaginer une situation plus déplorable et plus périlleuse ? Ne serait-ce pas recommencer le cours terrible des révolutions ?

Dès lors les propositions les plus iniques et les plus funestes pourraient être accueillies ou hasardées ; les droits les plus sacrés seraient compromis ; et de cruelles inquiétudes seraient notre état habituel, si l'on ne remédiait promptement à un mal qu'on ne pourrait plus détruire entièrement, mais dont on devrait au moins s'empresser de prévenir les plus dangereux effets.

Qui peut apprécier les irritations dont un tel état de choses serait infailliblement la cause ? Ceux-là pourront s'en faire quelque idée, qui, dans la journée du 22, se sont trouvés dans les lieux où les citoyens se rassemblent, soit pour leurs affaires, soit pour leurs plaisirs. C'est là que l'auteur d'une motion plus mauvaise encore au fond qu'intempestive, aurait appris comment l'opinion juge les hommes faibles ou pervers qui se laissent aller à de dérisoires cajoleries, ou qui obéissetnt à des inérèts que réprouvent la raison et les intérêts nationaux.

Il n'y aurait pas un moment à perdre pour rendre à la Chambre des Pairs, par des additions honorables, sa considération compromise : s'il n'était plus possible d'en faire

un tout pur et sans alliage, encore faudrait-
il que les parties saines eussent un degré
d'énergie qui la préservât de toute alté-
ration.

C'est une position bien sérieuse que celle
où un premier corps de l'état, indestruc-
tible par sa nature, renfermerait de nom-
breux ennemis de l'état ; mais combien cette
position serait plus grave, si, dans les admi-
nistrations, dans les tribunaux, on retrouvait
les mêmes dangers (on sait que les *épura-
tions* ont tout corrompu) et si les hauts
fonctionnaires, sur lesquels reposent les intérêts les plus sacrés de la patrie, ne soup-
çonnaient pas même ces dangers. J'en veux
citer quelques exemples.

N'a-t-on pas dû voir avec un grand étonne-
ment, dans une des dernières séances de la
Chambre des Députés, M. Royer-Colard révo-
quer en doute des faits avancés par M. d'Ar-
genson, relativement aux abus qui se sont
introduits dans l'instruction publique ? Mais
qui ne sait que ces faits sont à peine des
échantillons de tous les désordres qui rè-
gnent dans cette partie si importante de nos
institutions ? Qui ignore que l'instruction
publique, qui ne pouvait être assise sur des

bases solides sous un gouvernement tel que celui de Bonaparte, dont le but était la domination, a reçu de mortelles atteintes depuis sa chute, et qu'elle se trouve dans un état complet de subversion? Et M. Royer-Colard en parle comme si tout s'y passait de la manière la plus parfaite.

Qu'on aille au fond de ces scènes qui ont eu lieu dans quelques établissemens, et qui ont l'air d'avoir été faites tout exprès pour donner de l'aliment à quelques sycophantes de la faction; qu'on en approfondisse les véritables causes, et l'on reconnaîtra que de malheureux jeunes gens sont punis des sottises de leurs maîtres. La jeunesse aujourd'hui est studieuse; mais elle a des idées d'ordre et de justice qu'on ne parviendra point à concilier avec l'esprit cénobitique, avec le cagotisme qu'on a voulu introduire dans les colléges. On a renvoyé des professeurs estimables, sans égard pour leurs services, et on leur a substitué des prêtres, par des motifs qui précisément devaient les faire éloigner. Il semble qu'on ait voulu rivaliser avec les jésuites. Belle invention pour rentrer dans l'esprit du siècle !

On a d'abord mis en question s'il convenait de remettre l'instruction entre les mains des prêtres ; mais de cette question en découlait une autre. Convient-il de remettre l'instruction entre les mains de prêtres essentiellement mauvais citoyens , ennemis déclarés de l'ordre qui doit nous régir. Si, par hasard, l'instruction publique était placée sous une telle influence , faudrait-il s'étonner des plaintes qui s'éleveraient contre ceux qui en sont chargés ?

Il faut qu'il y ait dans la commission d'instruction publique de singuliers élémens. Je ne puis avoir aucune prévention contre les membres qui la composent; je ne les connais pas même de nom ; je n'en suis pas moins intimément convaincu que non-seulement les plans de la commission sont mauvais ; mais qu'elle n'a pas même la première idée de la manière dont il faudrait procéder pour arriver aux résultats qu'appellent les besoins de la patrie et l'esprit de notre gouvernement.

Qu'a fait cette commission pour prevenir ou arrêter les maux que préparent et que font les missions et les petits séminaires , moyens employés évidemment pour tourner la place qu'on n'a osé attaquer de front, et qui ont pour but d'appeler sur nous les beaux jours qui luisent sur l'Espagne ? D'où viennent ces gens-là ? Qui les paye ? qui les soutient? qui leur a donné des sommes considérables pour leurs premiers frais d'établissement ?

Et des hommes qui ont de hauts emplois, s'étourdissent sur ces créations en sous-œuvre, qui, comme autant de batteries, se disposent à miner d'abord, puis à foudroyer l'ordre constitutionnel. Où en sommes-nous donc ?

Je lisais dernièrement un discours prononcé par un officier public, dans une solennité. Il veut donner une idée des dispositions d'esprit de la population. On ne peut imaginer rien de plus absurde ni de plus extravagant. Comment ne pas frémir, en songeant que la tranquillité, la liberté, la fortune, la vie de quinze à seize cent mille citoyens, sont, jusqu'à un certain point, à la discrétion d'un homme de cette espèce ? Qu'a-t-il fait pour mériter une si haute confiance ? Il *a postillonné* pour la contre-révolution, si l'on en croit les mémoires du temps ; c'est-à-dire, qu'il transmettait de l'intérieur à l'extérieur des rêves, des impostures et des calomnies.

Je cite ces exemples, parce qu'ils expliquent mieux que tout ce que je pourrais dire, la cause de ce que notre situation a de pénible, et des maux qu'elle peut amener. C'est évidemment en regardant les services rendus à la contre-révolution comme des services rendus au trône, qu'on est tombé dans tous les genres de confusion, quon a peuplé tous les services publics de mauvais citoyens, qu'on maintient toujours en place, ou qu'on ne peut en arracher : erreur capitale, et dont les suites, si on ne la reconnaît promptement et franchement, pour être faciles à prévoir, ne sont pas moins effrayantes.

FIN.

Imprimerie D'ANT. BAILLEUL, rue Ste.-Anne, n°. 71.